Liebe, Glück, Vertrauen

Liebesbriefe an mein Kind

Liebesbriefe an dich,

Liebesbriefe an mein Kind

Herausgeber

The Brilliant Company

© Urheberrechtlich geschützt, 2020, The Brilliant Company

Bibliografische Information der Deutschen Nationalbibliothek:
Die Deutsche Nationalbibliothek verzeichnet diese Publikation in der Deutschen National-
bibliografie; detaillierte bibliografische Daten sind im Internet über dnb.dnb.de abrufbar.

Herstellung und Verlag: BoD – Books on Demand, Norderstedt

ISBN 9-783-752-626-803

Loreen Ialazzo
www.thebrilliantbook.de
www.thebrilliantmom.de

Liebesbriefe an mein Kind

Mein geliebtes Kind,

ich schreibe dir diese Briefe, weil ich voller Liebe bin und dir eines Tages etwas Wertvolles schenken möchte. Du bedeutest mir so unendlich viel und gibst mir meine Kraft, Ausdauer und Inspiration für das Leben.

Du bist meine Welt.

Ich möchte dir von Herzen danken, dass du da bist, dass du so bist, wie du bist und dass du mich als deine Mama gewählt hast.

Mit diesem Buch möchte ich dir gern ein Stückchen meiner Welt zeigen, in der Hoffnung, dass du auf ewig weißt, wie sehr ich dich liebe. Ich versuche in meinen Briefen an dich, gemeinsame Momente zwischen uns beiden zu bewahren: fantastische, witzige, spannende, vielleicht auch kritische aber in jedem Fall wertvolle Erfahrungen, damit du dich immer daran erinnern kannst. Ich möchte dir ehrlich von meinen Ängsten berichten, dir meine Hoffnungen mitteilen und natürlich auch den ein oder anderen gut gemeinten und hart erprobten Rat mitgeben.

Für meine Liebesbriefe an dich nehme ich mir Zeit und schreibe, male, kritzele oder reime sogar – bestimmt über Jahre hinweg.

In jedem Fall werde ich kreativ – für dich.

Du bist mein ganzer Stolz. Du machst mich zu einem besseren Menschen und du zeigst mir, was wirklich wichtig ist:

Liebe, Zufriedenheit und Vertrauen.

Du kannst immer auf mich zählen. Ich liebe dich.

Datum

I love you.

Schatz
du bist wundervoll

I am your Mother
You are my Child.
I am your quiet place
You are my wild.
I am your calm face
You are my giggle.
I am your wait
You are my wiggle.
I am your dinner
You are my chocolate cake.
I am your bedtime
You are my wide awake.
I am your lullaby
You are my peek-a-boo.
I am your good night kiss
You are my I love You.

Datum

Had I not created
My whole World,
I would certainly have died
in other people´s.

- Anaïs Nin

Happiness
is an inside job

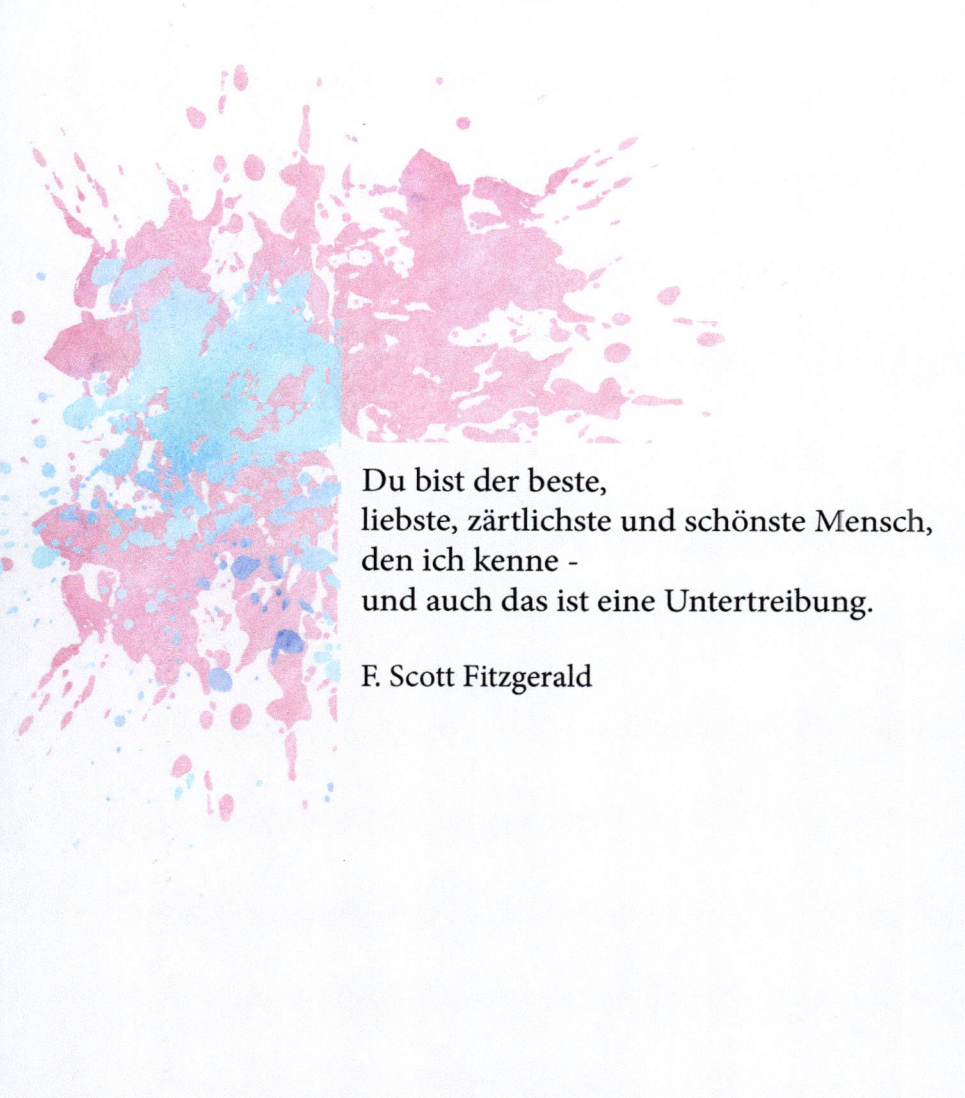

Du bist der beste,
liebste, zärtlichste und schönste Mensch,
den ich kenne -
und auch das ist eine Untertreibung.

F. Scott Fitzgerald

Datum

und am Ende des Tages
sollen deine Füße dreckig sein.
deine Haare zerzaust und
deine Augen strahlen

shanti

Sei frei

April, April

Es ist **wichtiger,**
dein Bestes zu geben
als der Beste zu sein.

- Mama & Papa

Datum

Schwache Menschen, rächen sich.

Starke Menschen vergeben.

Schlaue Menschen ignorieren.

in Albert Einstein Albert Einstein Albert Einstein Alb

Kleiner Räuber

Sonnenschein

Nur eine glückliche Mama
hat ein glückliches Kind.
Deshalb achte ich auf mich,
meine Gedanken & Handlungen.

Und was mich wirklich und überhaupt
und einfach immer glücklich macht,
bist

du.

Datum

Es ist besser,
in der *Originalität* zu versagen,
als
in der Nachahmung
erfolgreich zu sein.

- Herman Melville

Datum

Atme ein, atme aus

Das Leben ist schön

Lebe dein Leben.
Esse mit den Händen.
Dusche dich im Sand.
Wasche dich mit Schlamm.
Tanze durch den Regen.
Lächle die Menschen an.
Schätze die Schönheit der Kulturen.
Lerne von den Tieren.
Nutze deine Sinne.
Sei dir immer treu.
Geh mit offenem Herzen durch die Welt.
Ich warte auf dich, mit offenen Armen,
wenn du nach Hause kommst.

Ich liebe dich.